UN LANCIER

DE 20 ANS

MORT AU CHAMP D'HONNEUR

AU PROFIT DES INONDÉS

Prix : 1 franc

PARIS

C. DILLET, LIBRAIRE-ÉDITEUR

15, RUE DE SÈVRES, 15

1866

A LA MÉMOIRE

DE

PAUL DUVELLE

MON BIEN-AIMÉ ET TRÈS-REGRETTÉ

FRÈRE, FILLEUL ET AMI,

A SES BRAVES COMPAGNONS D'ARMES,

A SES AMIS, A SES FRÈRES,

A MON PÈRE & A MA MÈRE

POUR LES CONSOLER

THÉOPHILE DUVELLE.

Paris, le 2 novembre 1866.

PARIS

IMPRIMERIE BALITOUT, QUESTROY ET Cᵉ

7, rue Baillif et rue de Valois, 18

AU LECTEUR

Nous croyons bon d'avertir tout de suite le lecteur que notre intention n'est pas de lui mettre sous les yeux le récit complet et détaillé de la vie de Paul Duvelle Nous avons passé très-rapidement sur ses quinze premières années ; on nous eût reproché de nous trop appesantir sur des détails sans intérêt, qui se trouvent au début de toutes les existences ; le bel acte qui nous l'a ravi devait ici briller *seul* de tout son éclat...

Disons cependant, pour parler avec vérité et mieux faire connaître le lancier malheureux de Conneuil, qu'outre que Paul Duvelle n'était pas un saint, sa première jeunesse avait même été passablement orageuse ; dès l'enfance il avait eu de la peine à obéir, à se soumettre ; c'était la conséquence de la fougue impétueuse de son tempérament et d'une nature mâle, bouillante, énergique.

Il lui fallait des années pour se mûrir et savoir employer utilement le feu ardent, qui l'animait ; aussi est-il hors de doute, pour ceux qui le connaissaient, que ses riches qualités, tournées entièrement vers le bien, n'en eussent fait plus tard un hardi et vaillant champion de la bonne cause.

Dieu a voulu qu'il en fût autrement ; il l'a appelé à lui, en l'enlevant, à fleur de l'âge, au milieu du plus bel acte de dévouement d'une vie, hélas ! trop courte pour tous ceux qui l'aimaient !

Toutefois, hâtons-nous de dire que, témoins et confidents de la vie intime de Paul Duvelle, nous avons remarqué qu'avec l'âge, à mesure que grandissait dans cette jeune âme l'idée de la *justice,* il triomphait peu à peu de son penchant à l'insubordination.

Et ses braves compagnons d'armes, les derniers témoins de sa vie, diront avec nous que, pendant les cinq mois passés au régiment du 1er lanciers, il sut montrer, par une conduite irréprochable vis-à-vis de ses chefs, qu'en toutes choses la hiérarchie est nécessaire, et que, si tous les hommes sont frères, partout les uns sont appelés à c om mander, les autres à obéir.

Ces lignes sont les premières que nous écrivons.

En les traçant à la hâte et presque sous le coup d'une douleur de la veille, nous nous sommes proposé un double but :

D'abord d'expliquer, pour ceux qui n'ont pas connu ce brave militaire, son dévouement si prompt, si spontané et en même temps si malheureux ! De leur montrer qu'on ne peut être surpris d'un pareil sacrifice quand on a pu juger, par les actes vertueux de ce jeune soldat, tout ce que le cœur de Paul Duvelle avait de bonté, de générosité, d'oubli de soi-même, de foi solide et de vraie charité.

Et ensuite, et surtout, de laisser à ses parents désolés, à ses frères, à ses compagnons d'armes et à ses nombreux amis, un simple, mais fidèle souvenir de celui qui n'est plus !

CHAPITRE PREMIER.

Le 30 septembre 1845, naissait à Nogent-sur-Seine (Aube) Paul-Marie-Mathias
Duvelle, et presque vingt-et-un ans plus
tard, le 28 septembre 1866, à huit heures
du soir, un jeune lancier trouvait à Conneuil, près Tours, un glorieux trépas dans
les flots de la Loire....

Dieu avait appelé à lui un de ses élus....

Paul-Marie-Mathias Duvelle périssait,
victime d'un beau dévouement.

Enfant, Paul Duvelle avait aimé le jeu,
le tapage, les exercices bruyants.

Mais, à travers sa turbulence, on vit ger-
mer en lui, dès ses plus jeunes années, un

bon cœur et des tendances généreuses.

De plus, sa pieuse mère lui avait fait sucer avec le lait les enseignements de la foi chrétienne, qui seule fait les grandes âmes, et qui est seule capable d'inspirer les plus héroïques sacrifices.

Jeune homme, Paul Duvelle, emporté par une imagination ardente, et par sa nature violente et impétueuse, ne rêva que voyages, expéditions, aventures.

« La marine..., je veux être marin..., » tel était son refrain de chaque jour.

Après quelques années passées chez M. Jacquier, honorable chef d'institution à Nogent, après cinq autres années passées au collége des Pères Jésuites d'Amiens, Paul Duvelle fit tant et si bien, que, lassés de ses instances et craignant d'aller à l'encontre d'une vocation, qui se révélait. ses parents, après lui avoir fait faire une retraite à la Grande-Trappe, près Mortagne, en septembre 1860, l'embarquèrent comme pilotin à bord du navire de commerce : *le Caennais.*

Un voyage à la Guadeloupe avec une traversée difficile ;

Du gros temps dans la Manche ;

Un incendie à bord ;

Les hasards de la mer ;

La pêche aux marsouins et le harpon du capitaine ;

Un court séjour à la Pointe-à-Pitre, dont la grande place est ornée d'une belle statue de Gourbeyre, ancien gouverneur de l'île (Madame veuve Courbeyre habite Nogent-sur-Seine) ;

D'intéressantes promenades dans les plantations de cannes à sucre ;

La cueille de noix de cocos toutes fraîches et de juteux ananas ;

Une chaleur tropicale ;

Les mœurs, le costume, la langue des indigènes ; encore la mer et le Havre ;

— Et Paul Duvelle, se croyant déjà un vieux loup de mer, revenait heureux à la maison paternelle.

Pendant ses voyages dans la marine, Paul pensait toujours aux siens, et, à son retour, chacun avait son cadeau. Son petit frère, Pierre Duvelle surtout, dont il était le bon parrain, n'était jamais oublié, et les plus curieuses trouvailles, les objets les plus intéressants, lui étaient toujours fidèlement destinés.

Paul Duvelle avait le teint hâlé par le soleil de feu des Colonies, et, tout rayonnant de joie au milieu de sa famille, entouré, comme Robinson Crusoë au retour de son île, par ses frères, par ses amis, il déballait, à la surprise de tous, un butin exotique des plus curieux :

C'étaient des madrépores, fins comme les jabots de dentelles de nos pères,

Des coquillages,

Des poissons électriques,

Du raisin des Tropiques, sorte d'algues marines,

Des fruits confits dans le tafia,

Des noix de cocos encore pleines de lait,

Des queues de marsouins, qu'il avait harponnés, etc., etc.

Après ce premier voyage dans la marine marchande, Paul D..... déclara qu'il voulait embrasser plus sérieusement encore l'état de marin.....

Et quelques semaines plus tard, après avoir pris un engagement de deux ans dans la marine militaire, il obtint du Ministre d'être embarqué à bord de la *Gloire,* une de nos premières frégates cuirassées.

De la *Gloire,* il passa comme novice à bord du *Fleurus,* en rade à Toulon.

Notre jeune marin, au milieu des travaux du bord, n'oubliait pas la foi de sa

pieuse mère et les enseignements chrétiens de la famille.

Il se confessait à Toulon auprès d'un
vertueux et bon prêtre, M. l'abbé Martin,
son guide et son ange gardien.

Bientôt le *Fleurus* va en Italie, puis en
Afrique, et part enfin pour le Mexique avec
des troupes...

Mais voilà qu'en passant le détroit de
Gibraltar, il fait, en pleine nuit, un abor-
dage avec le transport *La Charente*...

Cadix ouvre son port aux deux navires
à demi-brisés...

Et Paul Duvelle regagne ensuite, avec
l'équipage désappointé du *Fleurus*, le port
de Toulon.

CHAPITRE II

Le lecteur me reprocherait de passer ici sous silence un fait digne de remarque.

Paul Duvelle était occupé sur le port de Toulon à un dur travail, quand un prêtre de Nogent, qu'il reconnut, passa près de lui :

« — Salut, Monsieur l'abbé Paul Mo-
« rin, exclama le novice.

« — Vous ici! Paul, j'ignorais votre en-
« gagement dans la marine et vous croyais
« toujours à Nogent.

« — Mais, Monsieur l'abbé, comment
« donc êtes-vous venu à Toulon?

« — Le voici, je devais rentrer à Mar-
« seille, mais la mer a été si mauvaise, que
« nous avons été forcés de mettre pied à
« terre à Toulon. Enchanté du contre-
« temps, puisqu'il me procure le plaisir de
« vous rencontrer! Je viens de Rome, j'ai
« remis à Sa Sainteté une liste de recom-
« mandations, auxquelles elle pensera de-
« vant Dieu, et j'ai été assez heureux pour
« recevoir du Saint-Père un billet en latin,
« dont je vous donnerai la traduction.

« Votre bonne et pieuse mère m'avait
« bien recommandé de ne pas oublier son
« fils Paul auprès du Pape; aussi vous ai-
« je mis nommément au nombre de mes
« recommandations....

« Vous êtes le premier que je rencontre
« à mon retour en France, recevez le pre-
« mier la bénédiction du Saint-Père, et
« qu'elle vous porte bonheur! »

Nous avons pu nous procurer la copie
de la lettre de recommandation, remise au

Pape, le 25 mai 1862, et aussi la réponse écrite de Sa Sainteté.

« Très Saint-Père,

« Humblement prosterné à vos pieds, je sollicite de votre bonté de daigner bénir de votre bénédiction paternelle :

1° Moi et ma famille ;

2° Tous les prêtres qui sont dans mon canton ;

3° La paroisse (Nogent-sur-Seine) dans laquelle j'habite, et particulièrement les petits enfants et les communautés ;

4° *Une famille (Duvelle), qui se trouve dans différents besoins ;*

5° *Un jeune homme (Paul Duvelle), ex-posé à de nombreux dangers ;*

6° Enfin daignez, Très-Saint-Père, m'accorder à moi et à tous mes parents, jusqu'au troisième degré, une indulgence plénière à l'article de la mort.

« De votre Sainteté,

« Très-Saint-Père,

« Le très-humble serviteur,

« Paul Morin. »

Le vénéré chef de l'Église, Pie IX, a écrit en latin un billet touchant, qu'il a remis de la main à la main à M. l'abbé Paul Morin.

Nous en donnons ici la traduction en français; la pièce originale, manuscrit précieux, qu'on peut dire être sorti de la main et du cœur d'un *Saint,* est entre les mains de M. l'abbé Paul Morin, aujourd'hui curé de Courceroy, près de Nogent-sur-Seine (Aube).

Voici ce billet :

« 25 mai 1862.

« *Je vous accorde par faveur ce que vous*
« *me demandez ; et que Notre-Seigneur*
« *Jésus-Christ vous bénisse ; qu'il vous di-*
« *rige dans le chemin de la vie ; qu'il vous*
« *garde des dangers ; qu'il vous protége*
« *dans l'adversité ; qu'il vous sanctifie en*
« *toutes choses ; écoutez sa voix, afin que*
« *vous soyez sauvés !*

« P. P. IX. »

Un trait, entre beaucoup d'autres, montrera combien Paul Duvelle aimait à faire le bien, partout, où il se trouvait.

Il avait fait, dans la marine marchande, la connaissance d'un nègre, nommé Valentin. S'intéressant très vivement à cet homme, qu'il estimait, il lui avait donné des leçons de lecture, d'écriture, d'orthographe, de calcul et de géographie, dont le

petit mousse du bord aimait aussi à profiter.

On s'était depuis longtemps perdu de
vue, quand un jour, sur le port de Toulon,
Paul Duvelle reconnaît, dans un quartier-
maître de timonerie, qui se promenait, fier
de son grade, son nègre du *Caennais*... Il
court à lui :

« — C'est vous, Valentin !

« — C'est vous, Monsieur Paul ! (La fi-
« gure du Cafre rayonnait de joie !) Vous
« voyez que vos bonnes leçons d'autrefois
« m'ont profité, puisque j'ai les galons. Eh
« bien ! je m'en vais à mon tour essayer
« de vous être utile, en vous aidant de
« mes conseils, pour que vous soyez bien
« vite, comme moi, quartier-maître. »

Et ainsi l'ancien professeur trouva dans
un pauvre nègre, son heureux élève, un
instructeur zélé et un véritable ami, qui
n'oublia jamais le bienfait reçu.

Cependant une année venait de s'écouler et tout allait pour le mieux.

Le jeune novice de dix-huit ans contentait ses chefs et convoitait déjà d'un œil d'envie les galons de quartier-maître de timonerie, quand une fièvre typhoïde, résultat des fatigues de la mer, faillit l'emporter.

Dans son délire le malade ne voyait sur son lit que des croix d'honneur... et il accusait tous ceux qui l'approchaient de les lui avoir volées.

Bref, M. et Madame Duvelle, après avoir imploré le ciel de leur garder leur cher enfant, demandèrent son congé au ministre.

La bonne nouvelle du congé obtenu rendit à la vie le malade, qui inspirait déjà les plus sérieuses inquiétudes, et peu de jours après sa convalescence, Paul Duvelle, son congé à la main et renonçant pour toujours à la marine, était rendu à sa famille.

On peut dire que bien lui fit d'être revenu dans ses foyers ; car, presque à cette époque, les journaux apprenaient qu'à bord du *Fleurus* un canon avait volé en éclats et fait plusieurs victimes dans les batteries du bâtiment.

Bientôt, comme action de grâces et pour mieux préparer l'avenir, un pélerinage à La Salette est projeté....

La belle saison promettait, du reste, de rendre le voyage fort agréable....

Paul Duvelle part donc avec sa mère pour la sainte montagne, y fait une retraite, boit avec foi de l'eau d'une source, qui, au moment de l'apparition de la Sainte-Vierge aux deux petits bergers, a jailli tout-à-coup sous ses pas, le 19 septembre 1846....

Et va enfin, avant de quitter La Salette, à travers les ravins et les escarpements les plus périlleux, planter, sur le sommet du mont Gargas, une grande croix de bois....

C'est cette croix, qui, fière d'avoir bravé pendant plusieurs années déjà la fureur des ouragans, frappe encore aujourd'hui de très-loin l'œil du pieux pèlerin.

Voyageur pèlerin, tu vois là-bas... sur le sommet d'un mont... s'élever avec majesté l'arbre du sacrifice, fais monter vers Dieu la prière des morts pour celui qui l'a planté !....

CHAPITRE III

Revenu de La Salette, Paul Duvelle sur les instances de sa famille, achève avec courage ses études chez les RR. Pères Jésuites, et chez l'honorable M. Huré, à Paris.

Je passe rapidement sur les années de collége de Paul. Deux mots les résument : il joignait à un tempérament bouillant et tout de feu un bon cœur à toute épreuve.

Je n'en veux pour exemple que ce fait :

Un jour, dans une vive discussion, un écolier, que la colère et le dépit aveuglaient, tira de sa poche un canif, l'ouvrit et en frappa violemment à la jambe Paul Duvelle, avec lequel il s'était querellé.

Celui-ci ne dit mot de l'acte brutal de son camarade.

Cependant, comme il ne s'agenouillait qu'avec difficulté à la chapelle, son surveillant le força, pour faire soigner sa jambe, d'entrer à l'infirmerie.

Mis au lit, Paul Duvelle fut questionné sur la manière dont l'accident était arrivé.

Le préfet des études, l'infirmier, le médecin lui-même perdirent leur temps à l'interroger. Le généreux enfant ne voulait dénoncer personne.

Ce ne fut qu'à la longue, que, pressé de questions, menacé même d'être puni, s'il continuait à se taire sur un fait de ce genre, Paul Duvelle avoua le coupable...., mais à condition qu'on ne le punirait pas.

En cœur reconnaissant et sensible, Paul appréciait et aimait les maîtres pieux, savants et dévoués, qui avaient pris soin de son éducation.

« — Vous avez été élevé chez les Jé« suites, lui avait dit pendant une traver« sée une aimable dame, mère de famille,

« pour laquelle Paul Duvelle avait eu des
« attentions ; je vous avoue, Monsieur Paul,
« que je ne les aime-guère.

« — Oh ! Madame, reprend avec fran-
« chise et simplicité le jeune marin, c'est
« que vous ne les connaissez pas. »

Du reste, Paul Duvelle montra bien sa
reconnaissance envers les religieux, pleins
de dévouement, qui l'avait élevé, en an-
nonçant, il y a dix mois à peine, par une
lettre fort édifiante, adressée au Directeur
du *Bulletin religieux et littéraire de Troyes*,
la mort du R. P. Guidée, ancien supérieur
du collége d'Amiens.....

Je cite, pour l'édification, les dernières
lignes de cette lettre, qui justifie bien le
mot d'un savant : le style, c'est l'homme...

« Modèle de toutes les vertus, le Père
« Guidée était pour ainsi dire l'arbitre de
« toutes les familles chrétiennes, dont il
« avait élevé les pères et les enfants ;

« Il était leur médiateur, leur conseiller,

« leur père, en un mot. C'est un devoir
« pour moi, son élève pendant plusieurs
« années, de rendre à ce père vénéré et à
« ce maître si dévoué, un dernier tribut
« d'éloges et à la fois de regrets bien sin-
« cères et bien douloureux ; je regrette de
« ne pouvoir le faire d'une façon plus élo-
« quente.

« Puissent cependant ces quelques li-
« gnes, lorsqu'elles parviendront aux vé-
« nérés Pères de la sainte Compagnie, que
« sa mort a si profondément affectés, leur
« montrer qu'il existe toujours dans le
« cœur de leurs anciens élèves, un mot,
« gravé d'une manière ineffaçable dans
« tous les cœurs catholiques et français, le
« mot : Reconnaissance.

« *Un de vos abonnés,*

PAUL DUVELLE,

« Ancien élève de l'École libre de la Providence
« d'Amiens.

« Nogent-sur-Seine, 14 janvier 1866. »

C'est après cette lettre, qui a paru dans le *Bulletin de Troyes,* le 18 janvier dernier, que Paul Duvelle, empêché par des circonstances de famille, de partir, suivant son désir pour la légion franco-belge, la garde d'honneur de N. S. Père le Pape, s'engagea dans le 1.er régiment de lanciers en garnison à Tours, sous les auspices du brave et bon lieutenant Guyonnet-Dupérat, son cousin.

CHAPITRE IV

La vie de garnison est pleine d'écueils
pour la vertu d'un jeune homme ; mais là,
comme partout ailleurs, Dieu protége les
siens.

En effet à Tours,

Comme à Nogent, avec la Bibliothèque
de la Conférence de Saint-Vincent-de-
Paul, dont il était membre actif depuis
l'âge de dix-huit ans ;

Comme au collége, avec les loteries pour
les pauvres ou pour les petits Chinois ;

Comme dans l'institution de l'honorable
M. Huré, à Paris, où il faisait des collectes
pour les familles indigentes, où il demanda

un jour à ses maîtres d'aller, avec quelques camarades, prier auprès du cercueil
d'un élève, qu'une mort inopinée venait de
frapper et où il déploya, lors de l'incendie du campanile de la maison, un zèle
remarquable;

Paul Duvelle, au milieu de la vie de garnison, voulait encore faire du bien :

« Les mauvaises feuilles, qui circulent
« dans les chambrées, font beaucoup de
« mal, écrivait-il à son frère aîné. Je dési-
« rerais beaucoup recevoir une feuille
« quotidienne, écrite dans un bon esprit et
« intéressante. Outre qu'elle me récréerait
« dans mes moments de loisir, je la ferais
« lire autour de moi et ce serait un moyen
« de combattre les pernicieuses lectures,
« les romans de mes camarades. »

Paul Duvelle reçut donc, sur son désir,
le journal quotidien, les *Petites Nouvelles,*
feuille assez intéressante et éminemment
catholique :

« Ton journal les *Petites Nouvelles*, écri-
« vait-il encore dans sa dernière lettre à
« son frère aîné, est fort goûté. La chanson
« du *Fusil à aiguille* surtout, qui figurait
« dans le dernier numéro, a fait le tour
« des chambrées, et on l'a vivement ap-
« plaudie. »

Bon jeune homme! Il a reçu, avant de
quitter la terre, le dernier numéro de cette
feuille si chrétienne, morte comme lui, à
cette heure!

Ne semble-t-il pas, que, dans ce siècle
de suprême indifférence religieuse, les
bons et les bonnes choses nous soient ra-
vis plus vîte que le reste?

En effet les *Petites Nouvelles*, trop bonnes pour faire leur chemin, avaient cessé
de paraître quatre jours avant la mort du
brave lancier, qui s'en était fait le zélé
propagateur dans les chambrées de l'escadron.

Cependant quelques mois s'étaient écoulés depuis l'arrivée de Paul Duvelle au régiment.

Fort heureux de sa nouvelle position, admis élève brigadier, il apprenait avec le plus d'ardeur possible sa théorie et tâchait de briller par sa bonne conduite, sa belle tenue et son zèle en toutes choses : « Je « suis, écrivait-il alors à sa famille, le vé- « ritable factotum de la chambrée et même « de l'escadron. »

En un mot, Paul Duvelle devenait un bon soldat, et comme le lui disaient ses chefs, il allait bientôt prendre ses premiers galons, quand l'idée lui vint de demander quelques jours de congé et d'aller, pour le 25 août, à Nogent-sur-Seine, souhaiter la Saint-Louis à son bon père.

Hélas ! pauvre enfant ! c'était son dernier adieu à sa famille, à ses amis, à sa ville natale !

Un mois plus tard, le 28 septembre 1866 (triste date désormais pour tous ceux, qui l'ont connu!), on fait dans les chambrées de l'escadron un appel aux hommes de bonne volonté, anciens marins, pour aller, sous une digue menaçante, qu'ébranlaient déjà les flots furieux de la Loire, porter du secours à des habitants en détresse, dont les maisons avaient été subitement enveloppées par l'inondation.

Paul Duvelle, quoiqu'indisposé et dispensé le matin même de tout service, dissimulant alors son malaise, s'estime bienheureux d'avoir enfin une belle occasion de se signaler...

Sans hésiter, il s'offre le premier, tout prêt à partir!

On lui fait des objections et des difficultés...

Il insiste! Il peut être utile! Il partira!

On l'accepte.

Ce brave enfant, tout bouillant d'ardeur, comptait sur son expérience de marin!...

La tempête qui mugit, la vague furieuse

qui bondit et écume au sein des mers, tout cela était pour Paul Duvelle un jeu d'enfant, une chose toute simple et tout-à-fait familière !

De plus, il était bon nageur....

Il plongeait même facilement ; nous l'avons vu plusieurs fois, aux écoles de natation de Paris, se jeter hardiment du plus haut tremplain, la tête la première, dans la Seine, disparaître ensuite quelques secondes sous les flots, puis remonter à la surface, la main pleine de débris ou de sable pris au fond de l'eau.

Voici la teneur d'un petit billet, qu'avant son départ Paul Duvelle remit à un lancier, pour sa bonne cousine Guyonnet-Dupérat, qui, à Tours, protégeait et aimait Paul comme son propre fils, et pour laquelle la famille Duvelle aura toujours la plus profonde reconnaissance.

« Ma bonne cousine,

« La Loire avance... et le danger est peu
« grand. On a demandé des hommes de
« bonne volonté pour porter secours aux
« inondés. Je me suis offert, moi et un an-
« cien marin de l'escadron. Nous partons
« immédiatement dans une barque, sans
« savoir au juste où nous allons. Envoyez-
« moi 10 francs par Danières, pour sub-
« sister. *Adieu, priez pour moi.*

« Votre cousin dévoué et affectionné,

« PAUL DUVELLE,

« Au quartier de cavalerie, le 28 septembre 1866. »

Ces mots, hélas (qui l'aurait cru ?)! furent les derniers que sa main traça.

En les recevant, la pieuse cousine, madame Guyonnet, se jeta à genoux et pria,
pour le courageux lancier, devant une
image de la vierge Marie.

CHAPITRE V

Cependant l'heure du départ approche...

Ils sont trois dans la barque!...

Enfin ils partent!...

C'est en tremblant pour eux qu'on les voit, presque à l'entrée de la nuit, s'éloigner du bord...

Au milieu du bruit de l'eau et des flots qui se brisent, Paul Duvelle, d'une voix calme et ferme, commande la manœuvre.

Il dirige avec un rare sang-froid les mouvements de ses camarades.

Et la barque, conduite avec prudence, avance peu à peu à travers les obstacles...

« Gauche, droite, » ce sont les seules

paroles, que la vigilance et le devoir inspirent alors à l'ardent et courageux pilote.

Et ces deux mots, le noble soldat les prononce encore, quand la digue de Conneuil, cédant, malgré les efforts surhumains de 500 travailleurs, qui la fortifiaient avec des amas de sacs de terre, se crève tout-à-coup avec fracas!...

C'est sur toute la digue un sauve-qui-peut général... On lâche la corde qui retenait la barque...

Alors le torrent furieux, déchaîné sur la plaine, fait en un clin d'œil chavirer la frêle embarcation...

Il n'y a qu'une victime!...

Paul Duvelle avait seul disparu dans le gouffre!...

Tel fut le champ d'honneur de ce brave soldat, qui, six ans auparavant, le 28 septembre 1860, jour pour jour, commençait à La Trappe une retraite avant son départ pour les îles.

— « Cet enfant a quelque chose d'ex-
« traordinaire, avait dit en parlant de Paul
« Duvelle le bon père hôtelier, Dieu s'en
« servira un jour pour sa plus grande
« gloire. »

La prédiction se réalisa à la lettre, car
Dieu ·fit de ce jeune homme, à l'heure
marquée par sa Providence, un véritable
martyr de la charité !

Les deux compagnons de Paul Duvelle
ont pu être sauvés le lendemain, à trois
heures du matin, après s'être maintenus
cramponnés à des arbres pendant toute la
nuit...

C'est d'eux-mêmes que nous tenons les
détails, donnés plus haut et qui retracent
les moments suprêmes de leur infortuné
camarade !

Quatre jours après ce triste événement,
M. le préfet d'Indre-et-Loire recevait la
lettre suivante :

MAIRIE DE SAINT-PIERRE-DES-CORPS

(INDRE-ET-LOIRE)

« 2 octobre 1866.

« Monsieur le préfet,

« J'ai l'honneur de vous annoncer que
« le corps du malheureux lancier, qui a
« péri à la rupture de la levée de Con-
« neuil, a été retrouvé aujourd'hui, à qua-
« tre heures du soir, sur le territoire de la
« Ville-aux-Dames ; son corps s'était ar-
« rêté aux branches d'un arbre.

« Je me suis empressé de vous en faire
« part, pensant que voudrez bien faire
« rendre les honneurs militaires à ce brave
« soldat, mort victime de son courageux
« dévouement.

« J'ai l'honneur d'être, etc.

« LE MAIRE DE SAINT-PIERRE-DES-CORPS. »

Le lendemain on lisait dans le *Jour-*

nal d'Indre-et-Loire les lignes suivantes :

« Nous avons entendu, de toutes parts,
« émettre le vœu, que la Ville accordât gra-
« tuitement, dans son cimetière, une con-
« cession pour l'inhumation du lancier
« Duvelle, qui, en mourant sur la brêche
« de Conneuil, est mort pour la défense de
« la Cité. »

Dans l'après-midi du 2 octobre 1866, une dame habitant la ville de Tours, intime amie de la dévouée Madame Guyonnet, et qui avait souvent vu Paul chez sa bonne cousine, se promenait en amazone tout près du village de Ville-aux-Dames.

Son mari, capitaine de cavalerie, l'accompagnait.

Ils examinaient tous deux avec tristesse les ravages affreux et désolants, causés par l'inondation depuis la rupture de la levée de Conneuil.

Tout-à-coup cette dame entend dire, par

des passants, que le corps du lancier, mort
dans la soirée du 28 septembre, vient d'ê-
tre retrouvé....

En effet, à quelque distance d'eux, un
groupe se formait autour d'un noyé, qu'on
sortait de l'eau!....

A son uniforme on reconnaissait un lancier!

Et aux traits encore pleins de calme et
de sérénité du cadavre, Madame X..... reconnut l'aimable jeune homme qu'elle
avait vu chez Madame Guyonnet, son
amie!

« La figure de Paul, nous a rapporté
« cette dame toute émue et en larmes, n'a-
« vait point changée; elle n'était nullement
« contractée par la souffrance; sa peau
« était encore rose et fraîche, comme s'il
« venait de mourir; et même ses traits
« avaient encore gardé quelque chose de
« l'animation et de l'énergie, dont ils du-
« rent briller à l'heure suprême. »

Dans sa veste de lancier, on trouva un portefeuille, rempli de sable et de boue, et que le séjour dans l'eau avait rendu informe.....

Le pauvre soldat avait dû être, pendant de longues heures, roulé, comme un jouet, dans les flots bourbeux du torrent !

Ce portefeuille contenait un cahier tout chargé d'adresses d'amis....

On a recueilli religieusement, entre beaucoup de noms, ceux encore lisibles, que l'eau avait respectés....

Et des billets de faire part ont été envoyés par la famille à tous les bons amis de Paul, dont on a pu découvrir l'adresse.

Dans une des poches de ce portefeuille, on a aussi retrouvé un papier presque en lambeaux.... le seul qu'on y vit....

L'eau l'a tellement détrempé, qu'il a pris le ton violet du cuir, où il était renfermé....

C'est une lettre commencée ; on ignore

encore à qui Paul Duvelle voulait l'adresser; elle est sans date.....

La voici :

« Monsieur,

« L'intérêt, que vous avez toujours porté
« à mon frère et à toute ma famille, me
« pousse à vous écrire aujourd'hui cette
« lettre. Sûr que vous voudrez bien conti-
« nuer.... »

Et la lettre resta inachevée !

Peut-être Paul Duvelle n'a-t-il interrompu cette, lettre que pour céder à l'élan spontané et au sublime dévouement dont il a été victime !

Bon ami et bon frère ! Une de ses dernières pensées, sans doute, avait été de faire profiter son frère de ses propres protections, qu'il ne craignait pas d'émousser pour le bien des autres, dût-il en avoir besoin pour lui-même !

Avouons qu'il y a un abîme entre cette conduite noble et généreuse d'un obscur soldat et les bassesses égoïstes des âmes vulgaires, dont toute la religion et dont le mobile vraiment anti-social et anti-chrétien est : « Tout pour moi et rien pour les autres. » .

Ce fut le 4 octobre qu'eurent lieu à Tours les obsèques de Paul Duvelle.

Je laisse parler *la Petite Presse*, et surtout le *Journal d'Indre-et-Loire*. (*Le Monde, l'Union, le Moniteur de l'Armée, la Semaine religieuse de Paris et de Tours, l'Écho Nogentais*, le *Bulletin de Troyes* et d'autres feuilles encore ont reproduit avec empressement ces détails) :

« Le 4 octobre dernier, à neuf heures du « matin, M. le colonel Oudinot de Reggio, « à la tête de tout le corps d'officiers du « 1er régiment de lanciers, attendait à « l'hôpital militaire, où avait été déposé le « corps du brave Duvelle, les autorités et

« les députations, qui avaient manifesté le
« désir de donner, par leur présence, un
« témoignage de sympathie à la mémoire
« de ce jeune soldat, mort victime d'un
« dévouement spontané.

« Dans le cortége, précédé de la musique
« du 1er lanciers, et qui se composait de
« plus de quinze cents personnes, on remar-
« quait MM. les généraux de Géraudon et
« de Margadel, M. le préfet d'Indre-et-
« Loire, M. le secrétaire-général et MM. les
« conseillers de préfecture ; M. Grand-
« perret, procureur-général à Orléans;
« M. Moulnier, vice-président du Tribunal
« civil de Tours; M. Dubodan, procureur
« impérial à Orléans; MM. les adjoints du
« maire de Tours et les membres du Con-
« seil municipal, enfin, presque tous les
« officiers de la garnison et une foule de
« notabilités et d'honorables fonctionnai-
« res de la ville de Tours.

« La grand'messe a été célébrée à l'é-

« glise de La Riche par M. le curé de la
« paroisse, et avant l'absoute, une émou-
« vante allocution a été prononcée devant
« le cercueil par M. l'abbé Besnard, vi-
« caire-général de Monseigneur. »

L'administration des pompes funèbres
de Tours et le clergé avaient tenu à ce que
tout fût gratuit dans ces nobles funérailles.

La ville reconnaissante voulait par là
témoigner à l'honorable famille Duvelle,
si cruellement éprouvée, combien la cité
tout entière prenait part à sa juste douleur : de plus ici, la ville de Tours, saisis-
sait avec empresssement l'occasion solen-
nelle de montrer aux soldats dévoués de
la garnison toute sa gratitude! Par là elle
disait hautement combien elle savait apprécier la bravoure et les actes de vrai
courage!

Et, en agissant ainsi, la ville de Tours

ne proclamait-elle pas devant tous, le lendemain du péril qui l'avait menacée, que, ne pouvant rester indifférente devant les dévouements malheureux, elle garderait éternellement le souvenir du brave enfant, mort en héros pour le salut de ses habitants?

CHAPITRE VI

Le samedi suivant 6 octobre, à Nogent-sur-Seine, un long cortége, tout en larmes, marchait tristement vers le champ du repos...

On portait à sa dernière demeure le corps de Paul Duvelle, ramené la veille dans sa ville natale; sa mère avait voulu l'avoir près d'elle; elle pourrait ainsi, la pauvre mère, venir souvent prier sur la tombe de son enfant!

La ville de Tours, qui avait manifesté tout d'abord le désir d'avoir dans son cimetière la dépouille mortelle du courageux lancier, s'était résignée à laisser à sa mère désolée cette suprême consolation.

Devant la tombe encore ouverte, en présence de nombreux amis affligés, un digne vieillard, M. le docteur Olive, qui avait reçu Paul Duvelle à son entrée dans la vie, voulut donner le mot d'adieu à ce jeune ami de vingt ans, à ce courageux et vaillant militaire, qui, en mourant noblement, avait si bien mérité de son pays.

Je rapporte ici quelques fragments des paroles touchantes, qui fermèrent alors, avec les prières de la sainte Église, la tombe du fils affectueux, du bon frère, de l'ami dévoué, enfin du chrétien plein de foi et du brave soldat, qui laisse ici-bas, dans les larmes et les regrets, sa famille, ses nombreux amis et ses concitoyens :

.   .   .   .

« Seul, Paul Duvelle, disait avec émotion
« l'honorable docteur, disparaît dans le
« gouffre!...Le malheureux jeune homme!...

« Il voulut conserver son uniforme; il
« voulait, s'il succombait, que l'honneur
« du sacrifice revînt au régiment dont il
« faisait partie, au drapeau, auquel il avait
« juré fidélité et dévouement.

« Et vous, famille éplorée, modèle de
« toutes les vertus domestiques, pleurez,
« pleurez la perte que vous venez de faire!
« car cette perte est immense! Mais que la
« religion vous vienne en aide pour sup-
« porter ces rudes épreuves.

« Et puis! ne trouvez-vous pas, dans
« cette mort d'un fils si fort, si beau, si
« courageux, un précieux motif de conso-
« lation pour des âmes chrétiennes comme
« les vôtres?

« En effet, mes amis, ce jeune et bouil-
« lant soldat, qui, d'un moment à l'autre,
« pouvait être appelé à donner la mort ou
« à la recevoir, en combattant les ennemis
« de son pays, voyez-le, poussé pour ainsi
« dire par la main de Dieu, venir, soldat

« de l'humanité, mourir en cherchant à
« sauver ses semblables de la fureur des
« flots !...

« Imprudence, murmurent quelques
« personnes... Eh! mon Dieu! imprudence
« peut-être!... Mais n'est-ce pas grâce à ce
« mépris du danger, voire même de la
« mort, à cet élan irrésistible et quelque-
« fois téméraire, que tant de belles actions
« sont produites, que tant de braves de-
« viennent des héros!

« Honneur donc au brave et ardent en-
« fant du pays, que nous pleurons tous!

« *Oui, mes amis, la mort de Paul Du-*
« *velle est héroïque et digne d'envie; oui,*
« *cette mort doit appeler sur ce jeune mar-*
« *tyr du dévouement les regrets et l'admi-*
« *ration de tous les cœurs généreux et les*
« *bénédictions du ciel!* »

Des marques non équivoques de douloureuse sympathie et de profonds regrets

vinrent de tous côtés aux parents du cher défunt, pour les consoler...

M. le préfet de l'Aube, Mgr l'Évêque de Troyes, et une infinité de personnes, appartenant aux plus hautes comme aux plus humbles classes de la société, exprimèrent à l'honorable famille Duvelle, par des lettres ou par des visites, leurs sincères condoléances.

Tous ceux, qui avaient connu ce brave enfant, s'accordaient à dire qu'avec son tempérament bouillant et sa nature ardente et charitable, on ne devait pas s'étonner qu'il fût mort dans un acte de sublime dévouement.

« Cette mort ne m'a nullement surpris, « disait à la famille Duvelle, en apprenant « la triste nouvelle, M. l'abbé Carton, vi- « caire de Saint-Médard, le confesseur de « Paul à Paris, Paul Duvelle était un cœur « généreux et excellent; il avait une *foi ro- « buste,* comme il s'en rencontre rarement.»

CHAPITRE VII

Des ordres du jour parurent dans l'armée; colonel, général, maréchal même voulurent jeter, sur cette belle et glorieuse conduite d'un soldat français, une vive lumière, et la proposer à l'admiration de ses compagnons d'armes;

« *Car il est aussi beau*, disait dans son ordre M. le maréchal Baraguey-d'Hilliers, *de perdre la vie, en se dévouant pour aller au secours de malheureux qui vont périr, que de mourir en affrontant la balle ennemie.* »

Ah! C'est une belle armée, celle dans laquelle les chefs suprêmes font autant de

cas de la vie d'un soldat, qui, en se sacri-
fiant pour ses frères, n'a fait que son
devoir d'homme, de Français, de soldat et
de chrétien !...

Tous ces nobles témoignages furent précieux pour la famille Duvelle; mais une
circonstance toute chrétienne la consola
bien autrement.

Paul Duvelle était mort, non-seulement
avec l'uniforme de son régiment, mais
aussi, et surtout, avec les livrées de la
Vierge Marie.

En effet, la Sœur qui l'ensevelit, trouva
sur lui le saint Scapulaire, qui lui fut laissé
dans son cercueil !

Or, cette même Sœur (chose étrange !),
rencontrant ensuite la Sœur Supérieure,
celle-ci l'arrêta, et, toute surprise de la
pâleur et du trouble de ses traits, elle
lui en demanda vivement le motif.

« *Ma sœur*, répondit toute émue l'hum-
ble religieuse, *en ensevelissant le lancier*

qui a péri sur la brèche de Conneuil, j'ai reconnu ce grand jeune homme, si bon et si charitable, qui venait si souvent voir et consoler ses camarades malades. »

Et ce disant, la Sœur tomba évanouie.

Il avait donc suffi, à cet excellent garçon, de cinq mois passés au régiment, pour laisser dans l'hôpital militaire d'aussi précieux souvenirs de sa charité !

La Sœur Supérieure de la maison a raconté elle-même ce beau trait à la famille du brave Duvelle.

Fidèle aux recommandations de sa pieuse mère, ce soldat chrétien avait entendu la messe le dimanche qui précéda son beau trépas.

En un mot, cette mort de Paul Duvelle, est glorieuse ponr son drapeau et bien rassurante pour des parentschrétiens !

« J'ai vu, écrivait, dans une lettre de condoléance adressée à sa pieuse mère, un

digne ecclésiastique de L'Aigle en Norman-
die, j'ai vu plusieurs fois votre fils, Madame, j'ai eu de longs entretiens avec lui,
j'ai pu l'apprécier sous tous les rapports,
et j'ai toujours dit que la foi sincère et ardente de ce jeune homme, la noblesse de
ses sentiments et les élans généreux de ce
cœur vaillant et chrétien, devaient assu-
rer ses années contre les craintes, qu'inspirait la fougue de ce tempérament.

« *Il fallait à cette organisation une vie
active et de grandes émotions, il avait besoin de se dévouer, il lui fallait trouver sa
sanctification dans le sacrifice.*

« Eh bien ! ma chère sœur, cet enfant
de tant de prières et de tant de larmes ne
pouvait pas être privé de la grâce d'une
bonne mort.

« Dieu lui avait préparé une de ces oc-
casions solennelles, où l'héroïsme de l'ab-
négation et du dévouement purifie tout-à-
coup une âme d'ailleurs chrétienne, et

nul doute que ce généreux enfant n'ait assuré son salut éternel par cet acte de sublime charité.

« Dans une telle circonstance, même une âme pécheresse rachèterait toutes ses fautes par une mort, qu'on appellerait presque *le martyre de la charité*.

« Bons parents, soyez donc sans crainte, ouvrez vos cœurs aux plus douces espérances, votre cher enfant a mérité le plus grand de tous les biens, la grâce d'une bonne mort.

« Et si Dieu vous l'a ravi dans une si grande jeunesse, c'est qu'il eût perdu peut-être plus tard ce saint amour de la divine vérité, dont une éducation vraiment chrétienne avait rempli sa jeune âme. »

Aussi ce fut avec la résignation la plus admirable que M. et Madame Duvelle reçurent ce coup terrible.

Une chose remarquable !... Le 6 octobre précédent, devant la tombe encore béante, qui allait se refermer sur les restes inani- més d'un fils chéri, père, mère, frères et amis éclataient en sanglots!... C'était l'adieu suprême, pour ce monde du moins!

Mais le dimanche, le lendemain de ces tristes funérailles, consolée et fortifiée par les célestes consolations de la religion chrétienne, la famille de Paul Duvelle vint faire une visite au cimetière de Nogent...

On s'agenouilla pieusement sur le gazon des morts, pour réciter les prières de la sainte Église...

A vrai dire, devant cette chère tombe, toute jonchée de lauriers et de fleurs, la pauvre mère ne pleurait pas!... Elle voyait déjà, des yeux de la Foi, son courageux fils au ciel, avec les saints!...

Et tandis qu'elle disposait, dans une petite case vitrée placée sur la tombe, des souvenirs des divers voyages de son fils, des médailles du Pape et de Notre-Dame- de-La-Salette, un scapulaire de Marie et enfin (c'était son inspiration de mère chrétienne!) une belle couronne de fleurs d'oranger, on l'entendit murmurer à voix basse ces touchantes paroles : « Mon cher Paul, cette couronne, c'est le symbole de ton union avec Dieu!... N'est-ce pas que, du haut du ciel, tu veilleras sur nous, pour qu'un jour nous soyons tous au Paradis avec toi?... »

CHAPITRE VIII

Nous avons dit plus haut qu'avant de s'engager dans le 1ᵉʳ lanciers, Paul Duvelle avait voulu partir pour la défense du Pape.

Voici une pièce fort curieuse et qui montre bien comment cette âme d'élite savait se préparer au sacrifice !

C'est une lettre de faire part du décès de Paul Duvelle, dont il avait, en mars dernier, fait lui-même le brouillon, en prévision de sa mort dans les rangs de la légion franco-belge.....

Cette lettre, précieux autographe, a été trouvée depuis peu de jours à Nogent dans un secrétaire ; c'est pour la pieuse mère une véritable relique !

On lit en tête :

« Le Saint-Père a gémi sur son trône, j'ai entendu sa plainte, je vole à sa défense ! Puissé-je mourir pour sa cause !

« Adieu, mes chers parents, priez pour moi. »

Puis viennent, en dessin à la plume, les armes du Pape :

La tiare sur deux clefs en croix.

Les noms de tous les membres de la famille Duvelle suivent alors.....

Et ensuite viennent ces lignes :

« Ont l'honneur de vous faire part de la perte cruelle qu'ils viennent de faire en la personne de..... Duvelle, leur fils, frère, beau-frère, filleul, neveu et cousin,..... à la... ème compagnie du... ème bataillon de la légion franco-belge, mort au champ d'honneur, le...... 186., dans sa..... ème année, en se dévouant à la plus noble des causes,

à la défense de la personne de Notre
Saint-Père le Pape et au maintien de son
pouvoir temporel.

« *Requiescat in pace sempiterna.* »

A la lecture de cet étrange billet de faire
part, vrai mémoire d'outre-tombe, si bien
marqué au coin de l'héroïsme chrétien, un
des frères de Paul, Joseph Duvelle, âgé de
dix-huit ans seulement, dit avec résolution
à sa famille :

« Eh bien! mes chers parents, moi aussi,
depuis longtemps, je désire servir le Saint-
Père, permettez-moi de partir à la place
de mon pauvre frère Paul; et le billet de
faire part qu'il a fait, s'il plaît à Dieu que
je succombe, sera le mien. »

M. et Madame Duvelle, déjà si cruellement éprouvés, essayent aujourd'hui par
toutes les observations et tous les raison-
nements possibles, de s'opposer à ce dé-

part....... Ils craignent qu'à un second dévouement succède un second deuil.

Mais tout porte à croire qu'ils prêcheront dans le désert!...

Car la volonté de Joseph Duvelle a quelque chose de si pressant, de si suppliant, et en même temps de si chrétien, que, dans peu de jours, il sera peut-être sur le chemin de Rome, pour faire à son tour ses preuves dans la légion franco-belge!...

S'il en est ainsi, Dieu, qui voit nos douleurs, donnera à ses vertueux parents force et résignation!

Soutenu par l'exemple de son brave frère Paul, Joseph Duvelle, en combattant un autre fléau, celui de l'invasion étrangère dans les États de Notre Saint-Père le Pape, se montrera, comme lui, digne de sa foi, de sa famille et de son pays!... Et Dieu le bénira!...

Fasse le ciel que, si bientôt un nouveau Castelfidardo devenait nécessaire pour le bien de l'Église, ce courageux enfant, après avoir défendu la bonne cause, revienne sain et sauf dans ses foyers !... pour consoler ses parents de la perte d'un fils chéri ! et combler, s'il se peut, le vide récent qu'a produit, dans sa famille, l'entrée de son excellent frère l'abbé Louis Duvelle, ancien séminariste de Saint-Sulpice, au noviciat des Pères Jésuites de Saint-Acheul, près d'Amiens.

Nous croyons intéresser le lecteur en rapportant ici quelques vers, écrits au sujet de Paul Duvelle, et extraits d'une poésie, vendue au profit des inondés, qui donne en détail le récit des désastres des 28, 29 et 30 septembre 1866, et composée par M. Eug. L....., avocat à Tours :

De la Chapelle-aux-Naux jusqu'à la Ville-aux-Dames,
De Vouvray jusqu'Amboise, en un gouffre béant,
Le fleuve transformé glace d'effroi les âmes !
Que de biens réduits à néant !!

Gloire à nos sauveteurs, qu'un grand courage anime;
Affrontant le trépas sur de frêles bateaux,
Ils volent disputer mainte et mainte victime,
    A la fureur des eaux.

Intrépide Duvelle, espoir de la patrie,
Aux baisers d'une mère avant l'âge enlevé,
Tu sauvais ton semblable en exposant ta vie,
    Et *seul* tu n'étais pas sauvé !

Combien ont tressailli de tes compagnons d'armes,
A l'aspect des lauriers à ton casque appendus !
De ta famille en deuil, tant d'hommages rendus,
    Pourront-ils adoucir les larmes?

Honorant du guerrier l'héroïsme naissant,
Un cortége innombrable ainsi reconnaissant,
Les notabilités, au clergé de La Riche,
    Se réunirent à l'hospice.

Dans la soudaineté d'une allocution,
Auprès du catafalque, écoutée en silence,
L'orateur de la chaire a prôné d'onction
    Celui que trahit sa vaillance !....

Noblement il portait le drapeau du lancier,
Quand, malade, il accourt aux cris de la détresse! ..
Sur la brèche, à Conneuil, la vague sans pitié
Engloutit sa tendre jeunesse!....

Une autre personne de Nogent fit aussi à la mémoire de Paul Duvelle une composition en vers, qu'il remit à la famille désolée ; j'en détache la strophe suivante, qu'une pensée de foi dicta à l'auteur :

Qu'un hosanna se mêle à la funèbre antienne !
Une palme vaut mieux que lauriers à cueillir ;
Pleurez, mais doucement, ô famille chrétienne ;
Paul fût mort en héros, il est mort en martyr!...

CHAPITRE IX

Il y a quelques années, en revenant de Cadix, Paul D....., toujours obligeant et plein d'attentions délicates, avait rapporté à son père, très-amateur d'horticulture, des graines étrangères de différentes espèces et entre autres quelques pépins de raisins d'Espagne.

Mis en terre par les soins de Paul Duvelle, les pépins étaient devenus des ceps de vigne, encore bien petits, mais pleins de vie et d'espérance!...

Aujourd'hui un de ces ceps précieux vit encore!

Ce souvenir est bien peu de chose! Mais

il fera penser souvent à celui qui n'est plus!

Et désormais qu'il sera doux pour ce pauvre père de cultiver de ses mains ce jeune ceps!

Il l'entourera de soins, en mémoire de son fils, comme une précieuse relique, comme un dernier et vivant souvenir du cœur si bon et si affectueux de son cher défunt.

C'est le père de Paul Duvelle, qui doit dire le dernier mot de ces tristes lignes.

Le 9 octobre dernier, M. Duvelle, plein d'une énergie toute chrétienne, demandait par une lettre à M. le rédacteur du *Journal d'Indre-et-Loire,* de vouloir bien lui permettre, dans l'impossibilité où il était de s'adresser à chacun en particulier, d'employer l'intermédiaire de son journal, pour exprimer sa profonde gratitude à tous ceux qui avaient rendus les suprêmes honneurs à son brave fils.

Citons donc, pour finir, quelques passages de cette lettre, vraiment belle de résignation et de courage :

« Ah ! sans doute, écrivait ce digne père, la pauvre nature humaine ne peut perdre ses droits! Et quand, à force de sollicitudes de tous les instants, de soins dévoués, assidus, de sacrifices constants, on est parvenu à faire un homme, et qu'on le perd, plein de vigueur, de jeunesse et d'avenir, c'est un cruel déchirement pour un père ! Mais en présence d'une telle mort, en présence d'une pareille manifestation, la nature se tait, et l'âme du père français et chrétien surabonde de sentiments, qui calment sa douleur, et lui font verser des larmes, tristes, sans doute, mais bien douces.

« Honneur donc à vous, digne clergé de Tours, qui avez béni le cercueil de ce soldat, ignoré jusque-là, qui avez rehaussé cette pompe funèbre par les cérémonies et les consolantes paroles de notre sainte religion ?

« Honneur à vous, Monsieur le préfet, à vous, braves généraux, qui n'avez pas dédaigné d'honorer de votre présence les obsèques d'un simple soldat, mort victime de son dévouement.

« Honneur à toi, noble cité de Tours, à tes autorités, à tous tes habitants, qui ont pris part à cette belle cérémonie, où la foule recueillie témoignait de sa sympathie profonde !

« Honneur à vous surtout, brave colonel du 1er lanciers, qui, par des honneurs, qu'on ne rend d'ordinaire qu'à un vieux guerrier, vétéran de la gloire, avez voulu jeter une lumière éclatante sur un acte de dévouement, accompli, dans l'obscurité de la nuit, par un des plus jeunes enfants de votre famille militaire !

« Avec de tels chefs, l'armée de notre belle France ne peut manquer de héros !

« Honneur et merci à tous !

« Honneur aussi à toi, mon Paul, tu n'as pas hésité à offrir ta belle vie de vingt ans, pour aller secourir des malheureux en détresse ! Tu es demeuré fidèle aux enseignements de la famille ! Ton père et tes frères envient ta belle fin.

« Au milieu de cette cité de Tours, témoins de tes derniers moments, reçois l'approbation entière et sans réserve de ton pauvre père, dont le cœur est brisé, mais dont l'âme est fière d'un tel fils !... *J'ai béni ta tombe, et le souvenir de ta mort me consolera jusqu'à mon dernier jour !*

« *Honneur et merci !*

« Du sein de Dieu, qui t'a inspiré ton courageux dévouement, protége tes frères, protége ta famille, tes frères d'armes, qui t'ont connu si peu et qui t'aimaient déjà, ce brave régiment, où tu avais retrouvé dans le lieutenant Guyonnet-Dupérat et sa digne compagne, un père et une mère dévoués !

« Protége cette ville de Tours, victime du terrible fléau, et ton Nogent, ta ville natale, qui a pleuré sur ta tombe, où se pressaient tes nombreux amis, et sur laquelle le cœur ému d'un vieil ami de la famille a su trouver de nobles paroles !

« Je remercie Dieu de ce qu'au milieu d'une nombreuse garnison, qui s'est généreusement dévouée à porter secours aux inondés, il a permis qu'il n'y ait eu qu'une seule victime.

« Pour notre cher Paul, sa mère émet le vœu qu'une croix de bois demeure à l'endroit où son corps a été retrouvé. Je confie à la ville de Tours ce simple vœu d'une mère chrétienne. »

Certa bonum certamen fidei; apprehende vitam æternam, in quâ vocatus es, et confessionem coram multis testibus.

(*Epist. Pauli prima ad Thimoth.*
Cap. VI-12.)

Au moment de mettre sous presse, nous apprenons au lecteur, la tristesse dans l'âme, que nous venons de faire les adieux du départ à un autre frère chéri, qui veut, par sa bravoure, être digne du frère qu'il vient de perdre sur la brèche de Conneuil.

Joseph Duvelle, ancien élève des Pères Jésuites d'Amiens, vient d'entrer dans sa dix-neuvième année...

Au récit des angoisses du vénéré Pie IX, il a laissé parler son cœur de chrétien! Et devant la résolution pleine d'énergie, devant l'intrépidité toute chrétienne de ce courageux enfant, M. et Mme Duvelle, le cœur encore saignant de la perte douloureuse de leur fils Paul, ont consenti à donner au Saint-Père en détresse un défenseur de plus.

A l'heure où nous écrivons, Joseph Duvelle, après avoir signé, du consentement de son généreux et digne père, un engagement de deux ans dans la légion franco-belge, est parti bravement pour Rome, désireux de faire à son tour ses preuves et d'être à tout prix un héros au champ d'honneur de la Religion et de la Vérité...

Dans un certain monde, qui engendre d'ordinaire peu de héros (et cela se comprend, car ceux qui ne voient que ce monde tremblent souvent pour sacrifier leur vie), on croit avoir tout dit, tout jugé, quand on a pu jeter à la face de ces enfants magnanimes et généreux le mot : *fanatisme;* ce mot, inspiré par la lâcheté et l'impuissance, et que Rome payenne avait consacré, en même temps que les combats si avilissants de ses gladiateurs, pour s'expliquer les martyres volontaires des chrétiens, qui (chose merveilleusement admirable!) bénissaient avec charité leurs bourreaux, en mourant avec bonheur pour la foi, ou sous le glaive impitoyable des empereurs, ou dans le cirque sous la dent des lions!

Nous avons lu, avec attendrissement et émotion, les détails navrants de la bataille encore récente de *Castelfidardo* dans le rapport officiel du brave général de Lamoricière, une de nos vieilles gloires d'Afrique, dans la relation d'un zouave, M. le vicomte de Poli, et dans celle du comte de Tournon...

Et après ces récits d'une bravoure inouïe, nous étions tentés de dire, à la mémoire de cette poignée de héros, la fleur de nos plus anciennes familles de France, qui ont succombé en luttant comme des lions contre les ennemis de Dieu (car ceux qui attaquent son *Vicaire* sont les ennemis de *Celui* qui l'a envoyé!) nous étions, dis-je, tentés de nous écrier : Honneur au courage *malheureux!*

Mais bientôt, en réfléchissant, nous avons pensé avec l'auteur du *Juif de Vé-*

rone et du *Zouave pontifical*, le P. Bresciani, qu'au lieu d'un *courage malheureux*, il y avait là, même dans la défaite, *un triomphe pour la sainte Église;* que « dans cette lutte atroce de l'Impiété contre la Religion, de l'Injustice contre le Droit, de la Félonie contre la Loyauté, du Blasphème contre Dieu, les défenseurs de l'Église et du Pape, *vainqueurs* ou *vaincus,* étaient sûrs de la *victoire;* qu'ils vivent ou qu'ils meurent, ils sont assurés du triomphe : — *Dieu est avec moi! Etiamsi occiderit me, in ipso sperabo.* » (JOB. XIII-15.)

Un inconnu nous envoie, à l'instant même, comme dernières fleurs à jeter sur la tombe du lancier de Conneuil, les vers suivants :

— —

« A PAUL DUVELLE.

« Repose en paix, jeune victime
« Du plus glorieux dévouement !
« Tu meurs, englouti dans l'abîme,
« Mais pour en sortir triomphant !

« Vois qu'elle foule t'environne
« Pour te conduire au champ des morts !
« Elle te fait une couronne,
« Qui vaut mieux que tous les trésors.

« Va, ne regrette pas la vie,
« Ni les fleurs de ton doux printemps ;
« Ton sort est si digne d'envie !
« Il vaut mieux que tes jeunes ans !

« Que t'importent des jours prospères ?
« Qu'importe qu'il faille mourir ?
« Le danger menace tes frères,
« Tu voles pour les secourir !

« Tu meurs, noble et sainte victime,
« Comme le Dieu de Charité;
« Tu meurs, dans un élan sublime,
« Par amour de l'humanité,

« Repose en paix ! Ta tendre mère
« Viendra souvent pleurer sur toi;
« Mais, si sa douleur est amère,
« *Combien ta belle mort doit consoler sa foi!*

« E. C. »

Père, Mère, Frères, Amis, oh! oui, con-solez-vous !

Paul Duvelle est mort en brave, à la fleur de l'âge, au champ d'honneur de la Charité !

Consolez-vous et espérez!....

Notre belle Religion chrétienne ne nous enseigne-t-elle pas que, ceux qui meurent ainsi généreusement pour le salut de leurs frères, Dieu les récompense les premiers?

Au revoir donc, ami chéri, protége-nous maintenant à ton tour, et que ton souvenir nous aide à faire, toujours et partout, le bien ici-bas?

Nos embrassements fraternels nous seront rendus!

Car un jour, après le triste voyage de la vie, nous nous retrouverons au Ciel, dans le sein du Dieu d'*Amour* et de CHARITÉ!

FIN

NOUVEAUTÉS

PETITS SERMONS OU L'ON NE DORT PAS

Par M. l'abbé VICTORIEN BERTRAND

4 vol. in-12. — Prix : 8 fr.

On vend séparément 2 fr. chaque vol. sous les titres suivants :

FONDEMENTS DE LA FOI, t. I. — AVENT ET CARÊME, t. II. — NOURRITURE DU VRAI CHRÉTIEN, t. III. — QUESTIONS QUI DEVRAIENT ÊTRE A L ORDRE DU JOUR, . t. IV.

On lit dans le *Monde* du 26 octobre :

« Sous le titre piquant de *Petits sermons où l'on ne dort pas*, M. l'abbé Victorien Bertrand, le spirituel auteur de *Garo et son Curé*, publie chez Dillet, rue de Sèvres, 15, une série d'instructions familières sur les principales vérités de la religion. Nous venons de parcourir le premier volume, où sont exposés les premiers fondements de la foi.

« L'exorde, un point de doctrine, un exemple à l'appui, souvent un apologue, une comparaison ou même une histoire saisissante qui résume le sujet, puis enfin cinq ou six bonnes paro'es en guise de péroraison, tel est à peu près le cadre de ces courtes conférences, qui durent à peine vingt minutes, en sorte qu'il n'est réellement pas plus possible *au lecteur d'y bâiller qu'à l'auditeur d'y dormir*.

« Cet ouvrage est neuf et original comme tout ce qui sort de la plume de l'abbé Victorien Bertrand ; il peut rendre de grands services pour les catéchismes et la prédication familière. »

Voici, entre mille, un des traits de l'auteur, pour prouver que parmi nous les choses de la religion sont encore bien ignorées :

« Un vieux matelot venait de mourir sur un navire de commerce qui retournait d'Amérique : on était encore trop loin de la terre pour espérer que son corps y arriverait sans se corrompre, force fut donc de le jeter à la mer ; c'est ce qui se fait du reste en pareille conjoncture.

« Tout l'équipage se rassembla donc autour du cadavre qu'on

avait enveloppé de toile, et, faute de prêtre, car il n'y en avait point à bord, les marins se mirent en devoir de réciter quelques prières avant de l'ensevelir dans les flots.

« Comme ils étaient à genoux devant leur vieux camarade et paraissaient prier avec ferveur, mais tout bas, le capitaine qui, probablement, ne trouvait rien dans sa mémoire, s'adressant au plus intelligent de la troupe :

« — Prie donc tout haut, Lanti, lui dit-il, pour que tout l monde y participe.

« — Très volontiers, capitaine, mais quelle prière vais-je faire?

« — Et parbleu! *quelle prière... quelle prière ..* celle que tu faisais!

» Lanti se mit à réciter dévotement le *Pater noster :* mais dès les premiers mots il fut interrompu par les murmures de l'équipage :

« — Ah bah! disait-on de toutes parts, allons donc! c'est trop commun, le *Pater!*

« — Et puis ce n'est pas pour les morts, je crois, fit observer le contre-maître, qui avait vu servir la messe dans son enfance.

« — Indique-moi donc une autre prière, toi, qui devais chanter aux enterrements.

« — Ou plutôt qu'il fasse mieux, qu'il chante lui-même, dit le capitaine.

« Le contre-maître réfléchit, se gratta la tête dans un embarras visible, puis se mit à entamer le *Libera* d'une voix de stentor; malheureusement il resta court à la troisième parole, c'est-à-dire a *Domine :* le vieux marin n'en savait pas davantage.

« — Si nous lui chantions le *Miserere mei,* dit un jeune mousse, ancien élève des Frères : je l'ai copié tant de fois à l'école que je le sais presque tout par cœur.

« — Le *Miserere?* non, c'est trop long, s'écrièrent les marins, qui se tenaient toujours à genoux durant ce débat; chantons lui plutôt le *Tantum ergo,* tout le monde sait cela.

« — Va pour le *Tantum ergo,* répondit le capitaine.

« Et ces bons matelots se mirent à chanter devant le cadavre, en guise de *De profundis,* l'hymne qui ne se chante que devant le Saint Sacrement. »

GARO & SON CURÉ

OU PRONES INTERROMPUS PAR UN IMPIE ET DÉFENDUS
PAR UN TROUPIER

Par le même. — 1 vol. in-12, 4ᵉ édition. — Prix : 2 fr.

De tous les livres qu'on a édités pour le peuple, il n'en est pas de plus piquant, de plus hardi, de plus original, et qui soit appelé à faire plus de bien que celui-ci. L'auteur y prend corps

à corps toutes les objections vulgaires et les réfute avec une
verve, un sel et un talent exquis que nous avons rarement ren-
contrés ailleurs. Cet ouvrage, unique dans son genre, présente
deux caractères bien tranchés : il est tour-à-tour grave et badin.
Les difficultés sérieuses y sont débattues dans l'église sur un
ton noble et digne de la chaire ; les objections de la rue, au
dehors, dans des entretiens familiers où le gros bon sens ricane
avec l'impiété voltairienne et la combat avec ses propres armes.
Ce sont, en un mot, des sermons à la baïonnette. *Mille bombes !
c'est tapé !* disait le sergent Lafleur en les écoutant. »

(Messager de la Charité.)

ROMAN CONTRE LES ROMANS

Par le même.

1 beau vol. in 12. — Prix : 2 fr.

Depuis vingt ans, la presse antireligieuse nous fait un mal
immense ; elle a perverti nos villes, s'est répandue dans nos
campagnes, a pénétré dans les derniers hameaux. Poursuivant,
ce semble, la corruption de notre patrie et la ruine de toutes les
vertus sociales, elle s'agite, se multiplie et cherche à populariser
l'impiété, le libertinage ; elle introduit le cynisme jusque dans
les mœurs et le langage de l'enfance..... L'auteur de *Garo et
son Curé* vient donc ici faire la guerre aux mauvais livres ; le
Roman contre les Romans est une véritable croisade à laquelle le
lecteur assiste avec émotion et surtout avec fruit.

Cet ouvrage ne doit être lu que par une certaine classe de
lecteurs.

HISTOIRE D'UNE CERVELLE

CONDUITE A CHARENTON PAR LA LECTURE DU *SIÈCLE*

Par M. LOYAU DE LACY

1 fort vol. in-12. — Prix : 2 fr. 50 cent.

Les journaux catholiques ont recommandé cette publication,
entre autres l'*Union*, le *Messager* de la semaine, l'*Union* de
l'Ouest.

Voici le compte-rendu du *Monde* à la date du 2 novembre :

« L'erreur, on ne le sait que trop, ne se gêne guère pour
prendre autant qu'elle le peut et en toute circonstance, le haut
du pavé. Un catholique zélé auquel la verve et l'esprit ne man-
quent pas, M. Loyau de Lacy, s'est lassé de cette constante
fatuité des libres penseurs, et il a voulu, une bonne fois, leur
dire leur fait dans la personne d'un haut et puissant seigneur
de la libre pensée, le journal *Le Siècle*.

« M. Louis Veuillot a offert le modèle, dans son *Honnête femme*, de cette satire éloquente qu'on peut faire de la vulgarité, du lieu commun, de l'incrédulité partout où elle se rencontre, de l'abaissement et de la bâtardise des esprits qui renient leur vraie mère, la sainte Église. M. Loyau de Lacy, déjà connu comme un poète remarquable, a marché et bien marché dans cette voie, où nous avons lieu de croire qu'il sera suivi, du roman satire, où il flagelle ce qui doit être flagellé. Son titre seul est une bonne déclaration de guerre et va droit au fait : *Histoire d'une cervelle conduite à Charenton par la lecture du* SIÈCLE. On voit que cela commence par une bombe ; mais elle est parfaitement lancée ; les études de mœurs et de caractères se succèdent rapidement ; l'esprit, la gaieté même sont toujours de la partie ; le but est atteint, et il n'y a pas à craindre que ce soit le *Siècle* qui rie le dernier. Il faut féliciter M. C. Dillet, l'éditeur de cette nouvelle publication. » *Barrier.*

LE PROTESTANTISME CONFONDU
PAR LE SEUL ARGUMENT D'AUTORITÉ
Par le R. P. MARIE-ANTOINE, missionnaire-capucin
Gros vol. in-12 de plus de 300 p. 1 fr. 50 franco.

Ouvrage d'un intérêt dramatique jusqu'à la fin, où l'on voit un pauvre capucin aux prises avec un ministre protestant qui, nouveau Goliath, vient attaquer le peuple de Dieu et est écrasé par les pierres que lui lance l'enfant de saint François. L'auteur a requis des lettres d'approbation et de félicitation de plusieurs prélats et grands écrivains. N. S. P. le Pape vient de lui faire écrire, par son secrétaire, une longue lettre d'une haute portée, pour recommander l'ouvrage aux amis de la vérité et de la religion, et dont voici un fragment :

« Mon révérend Père,

« Quoique N. S. P. le Pape Pie IX ait eu encore à peine le temps de jeter les yeux sur l'ouvrage que vous lui avez offert, il en a été déjà charmé ; il a lu avec bonheur les détails de la lutte que vous avez été obligé de soutenir contre le protestantisme, et il vous félicite de la victoire remportée sur lui ; il vous félicite surtout de votre bonne inspiration de choisir le moyen court et capable de prévenir les contestations interminables. Le Saint-Père a la conviction que l'ouvrage sera utile à tous ceux qui le liront. Notre Saint-Père vous donne avec la plus grande tendresse, à vous et à votre communauté, sa bénédiction apostolique.

« François MERCURELLI,
» Secrét. de N S. P. le Pape pour les lettres latines. »

Le cardinal de Bordeaux écrit à l'auteur :

« Votre ouvrage est un réfutateur obéissant. Il résume ce qu'on ne trouverait qu'avec de longues et laborieuses recherches.

« Recevez mes félicitations.

« F. DONNET, Archevêque de Bordeaux. »

Paris. Imp. Balitout, Questroy et Cⁱᵉ, 7, rue Baillif et rue de Valois, 18.